ジャングル 食べ物 忍者 海 おとぎ話

わくわくテーマde運動会
おもしろ種目集

山本和子 + あさいかなえ

チャイルド本社

わくわくテーマde運動会ってどんな運動会？！

運動会を、想像力を豊かにするテーマで取り組んでみませんか？

みんなが心躍る5つの世界。いろいろな年齢の子どもたちが、その世界の主人公になって活躍できる競技は、楽しさと、がんばる気持ちの両方を味わえます。

競技に加えてダンスやパレードなどでも、みんなで1つの世界をともに体験し表現することで、子どもたちの絆を強め、ご家族も含めて園全体で盛りあがる運動会になることと思います。

競技は動きを加えたり、抜いたりすることで年齢を変えてできますし、たとえばジープを船に変えるなどして、違うテーマの競技にも応用できます。

また、それぞれのテーマは、日常の保育の中でいろいろな形で取り組むことができます。

ぜひイメージをふくらませて、テーマの世界の運動会をみんなで楽しんでください。

山本和子

みんなで…
自分たちが描いた絵を貼った入退場門をくぐってスタート！

好きな魚の絵をたくさん描いたよ

5歳児は…
絵本で読んだ海賊になりきって活躍！

海賊のお話を読んでもらったよ！

Q テーマで行うときのコツって、ありますか？

A 園全体で盛り上がることができるように、
○テーマカラーをそろえる
○テーマに沿ったBGMを探す
○入退場門の飾りをみんなで作る
こんなことが効果的ですよ。

Q わたしのクラスだけでは、ダメですか？

A もちろん、OKです！
それぞれがストーリーのある種目になっているので、1つでも楽しめます。
他のクラスの先生に、うらやましがられちゃうかも？！

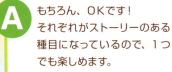

それぞれの年齢で
イメージを広げて、
1つのテーマの世界を
楽しもう！

たとえば
〝海〟がテーマなら…

例

プログラム

- オープニング　海のパレード（全員）
1. 海中を進め！（3歳）
2. 海へぷくぷくお魚タッチ（1歳親子）
3. 大物魚とり（4歳）
4. 海賊の冒険（5歳）
5. 海のファンタジー体操（2歳親子）
6. さめとくじらのおなかをくぐろう！（3＆4歳）
7. 大玉号の冒険（5歳）

3歳児は…
海の生き物の動きを体で表現

遠足で水族館に行ったよ！

くらげの泳ぎ方って、おもしろいね！

4歳児は…
ごっこ遊びから海で働く人に挑戦！

お店屋さんごっこで、魚屋さんになったんだ

2歳児は…
海の生き物のまねっこ遊びで

海の生き物図鑑でいろんな魚を見たよ！

Q 保護者にどう伝えたらいいでしょう？

A 「今年は海がテーマの運動会ですよ！」とストレートにお伝えするのが一番です。自分のクラスや、他のクラスの競技内容をお話しすると、きっと話が弾みますね。

Q テーマで行うと、今までとなにか違いますか？

A 園全体の一体感が強まりますよ。運動会までの日常保育もつながって、園児、保育者、そして保護者も、みんなで1つの世界を作り上げた達成感もきっと生まれます。子どもたちの心に強く残る楽しい運動会になるでしょう！

わくわくテーマde運動会
おもしろ種目集
もくじ

わくわく**テーマde**運動会 ってどんな運動会?! ………… 2

テーマde運動会 をもっと楽しむアイデア …………… 16

ジャングル運動会

ジャングル運動会の世界 ……………… 6
5歳 動物なりきりレース …………… 18
5歳 幻の"元気の実"を探せ! ……… 19
4歳 発掘のお宝を運べ! …………… 20
4歳 ジャングル探検隊 ……………… 21
3歳 ジープで進め! ………………… 22
3歳 木を植えてジャングルに! …… 23
2歳 さるちゃんお助け隊(親子) …… 24

1歳 くいしんぼうかばさん(親子) …25
全員 ジャングルパレード ……………26
衣装の作り方/入退場門の作り方 ……28

食べ物運動会

食べ物運動会の世界 …………………… 8
5歳 はらぺこ魔王に出前を急げ! …30
5歳 サンドイッチでGO! …………31
4歳 落とさないでね!
すいか&かぼちゃ ……………32
4歳 お豆コトコト …………………33
3歳 ジャンボお弁当を作ろう ……34
2歳 実れ! りんごの木(親子) ……35

1歳 ビリビリぶどう狩り(親子) ……36
全員 大きなケーキを作ろう ……………37
異年齢 ひっぱれ ジャンボいも! …………38
入退場門の作り方 ………………………38

 忍者運動会

	忍者運動会の世界 …………………… 10	③歳 忍者に変身でござる ……………… 47
⑤歳	修行でござる！ ……………………… 40	②歳 親子忍者でがんばるでござる（親子） … 48
⑤歳	忍者屋敷に忍び込むでござる …… 41	①歳 お友達忍者といっしょでござる（親子） … 49
⑤歳	どくろ忍者のお城を倒すでござる … 42	全員 忍者体操でござる ………………… 50
④歳	手裏剣シュッシュッでござる …… 43	衣装の作り方／入退場門の作り方 … 52
④歳	密書をいただくでござる ………… 44	
③歳	長密書を運ぶでござる …………… 45	
③歳	輪っか手裏剣でござる …………… 46	

 海の運動会

	海の運動会の世界 …………………… 12	③歳 海中を進め！ ………………………… 61
全員	海のパレード　入場行進 ………… 54	③歳 さめとくじらのおなかをくぐろう！ … 62
⑤歳	海賊の冒険 ………………………… 55	②歳 お魚だ〜いすき（親子） …………… 63
⑤歳	大玉号の冒険 ……………………… 56	②歳 海のファンタジー体操（親子） …… 64
⑤歳	海の魔物を倒そう！ ……………… 57	①歳 海へぷくぷく お魚タッチ！（親子） … 65
④歳	海の生き物レース ………………… 58	異年齢 海賊の綱引き合戦 ……………… 66
④歳	大物魚とり ………………………… 59	入退場門の作り方 …………………… 66
④歳	真珠とり …………………………… 60	

 おとぎ話運動会

	おとぎ話運動会の世界 ……………… 14	①歳 ドキドキ ヘンゼルとグレーテル（親子） … 75
⑤歳	飛んで！ ピーター・パン ……… 68	全員 腹ぺこガリバー …………………… 76
⑤歳	ドラゴンが壊したお城を作れ！ … 69	保護者 あなたが主役 …………………… 77
⑤歳	逃げろ！ パンケーキ …………… 70	全員 妖精たちのパレード ……………… 78
④歳	ジャックと豆の木 ………………… 71	妖精のお城の山車の作り方
④歳	3びきのがらがらやぎ …………… 72	入退場門の作り方 ……………………… 79
③歳	ランプでシュート！ ……………… 73	
②歳	眠り姫を起こしてね！（親子） …… 74	

食べ物運動会

食べ物が登場する楽しい運動会を開催します！ すいかやかぼちゃを運ぶゲーム、大きなおいもを引き合う綱引き！ どの競技も食べ物に親しめます。子どもと盛り上がりましょう。

プログラム 例

- 3歳 ジャンボお弁当を作ろう
- 5歳 はらぺこ魔王に出前を急げ！
- 4歳 落とさないでね！ すいか＆かぼちゃ
- 全員 大きなケーキを作ろう
- 2歳 実れ！ りんごの木
- 4歳 お豆コトコト
- 全員 ひっぱれ ジャンボいも！
- 5歳 サンドイッチで GO！

忍者運動会

みんなが忍者に変身して、活躍します。どの子もバッチリ決まっています！ 手裏剣や巻物は年長さんが作りました。忍者気分で一日楽しんでください。

プログラム例

- ③歳 輪っか手裏剣でござる
- ⑤歳 修行でござる！
- ④歳 手裏剣シュッシュッでござる
- ①歳 お友達忍者といっしょでござる
- ②歳 親子忍者でがんばるでござる
- ④歳 密書をいただくでござる
- ③歳 長密書を運ぶでござる
- ⑤歳 どくろ忍者のお城を倒すでござる

海の運動会

海の世界の楽しい運動会です。くらげになったり、くじらのおなかをくぐったり、年長さんは海賊になって大冒険。子どもたちの活躍に大きな声援を!

プログラム例

- 5歳 海賊の冒険
- 4歳 大物魚とり
- 3歳 さめとくじらのおなかをくぐろう!
- 1歳 海へぷくぷくお魚タッチ!
- 2歳 海のファンタジー体操
- 3歳 海中を進め!
- 4歳 海の生き物レース
- 5歳 大玉号の冒険

おとぎ話運動会

絵本やお話の世界を、楽しい運動会にしてみました。ピーター・パンやジャックと豆の木、ガリバーも登場しますよ。親子でファンタジーの世界を体感しましょう！

プログラム 例

- 5歳 飛んで！ピーター・パン
- 4歳 3びきのがらがらやぎ
- 3歳 ランプでシュート！
- 1歳 ドキドキ ヘンゼルとグレーテル
- 全員 妖精たちのパレード
- 全員 腹ぺこガリバー
- 4歳 ジャックと豆の木
- 5歳 ドラゴンが壊したお城を作れ！

もっと テーマde運動会を 楽しむアイデア

プログラムの形から世界観を演出！

テーマにぴったりのプログラムを作ったら、始まる前から気分が盛り上がります。
6〜14ページを参考にしてみてください。

旗飾りにテーマらしさを入れて！

子どもたちが絵を描いて旗を作ると、ますます楽しくなりそうです。

大きな入退場門がテーマのシンボルに！

ひときわ目立つ入退場門をテーマに沿ったものにすることで、気持ちが1つになりそう。装飾の手裏剣や魚などは子どもたちが作ったものを貼りましょう。

ワンポイント衣装で変身気分に！

体操服や無地のTシャツにワンポイントをつけるだけの衣装で、すっかりその気になれます。

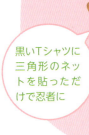

黒いTシャツに三角形のネットを貼っただけで忍者に

ボーダーのシャツを着て海賊気分に

バンダナと黒エプロンでコックさんに変身

BGMや効果音を活用して！

テーマに沿った楽しいリズムやメロディーで、運動会を盛り上げましょう。

ジャングル運動会

動物なりきりレース

5歳

動物になりきって多彩な動きにチャレンジする5歳児ならではの競技です。最初はガゼルになってジャンプ！　わにでずりずり進み、ぞうになって丸太を運びます。鉄棒の得意なさるになったら、ラストは走るのが速いチーターでスパートです。

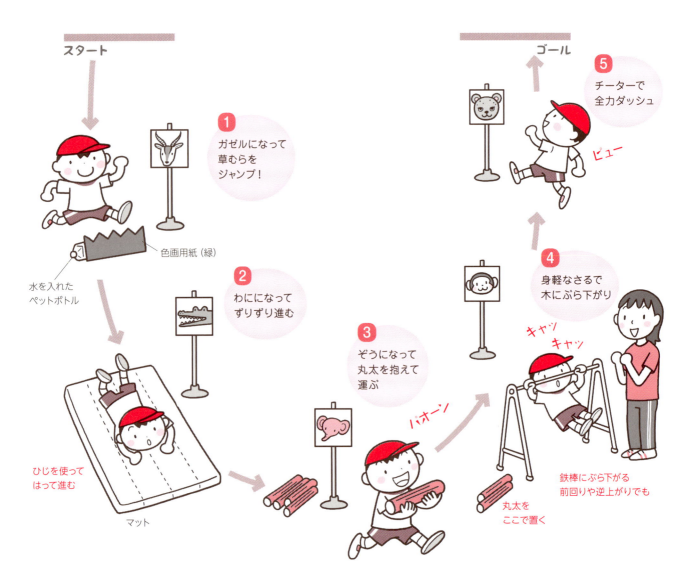

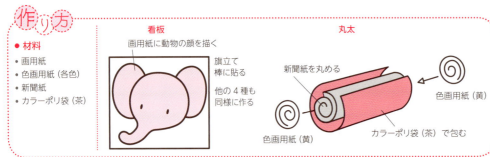

幻の"元気の実"を探せ!

4・5歳

勇気と元気が手に入るという伝説の"元気の実"。その実を求めて、子どもたちがジャングル探検に出かけます。川を跳んで越え、ジャングルの葉をかいくぐり、ジャンプで実をゲットしたら、岩山で探検成功のポーズ!

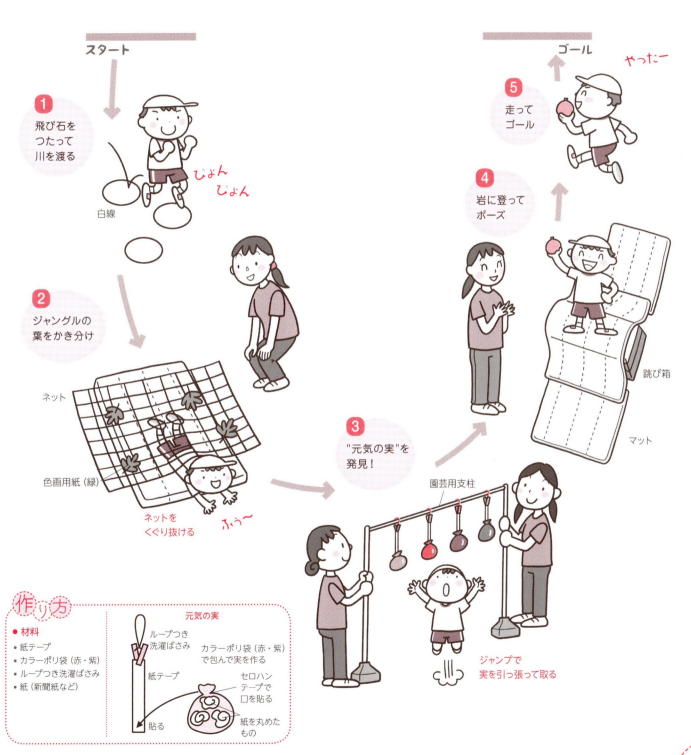

発掘のお宝を運べ！

4歳・5歳

ジャングルの奥で石のお宝を発見しましたよ！　さあ、2人で力を合わせて運び出そう！　最初は手で、次は棒で肩に担ぎ、最後は転がしてゴールを目指します。2人でぴったり息を合わせてゴールまで行けるかな？

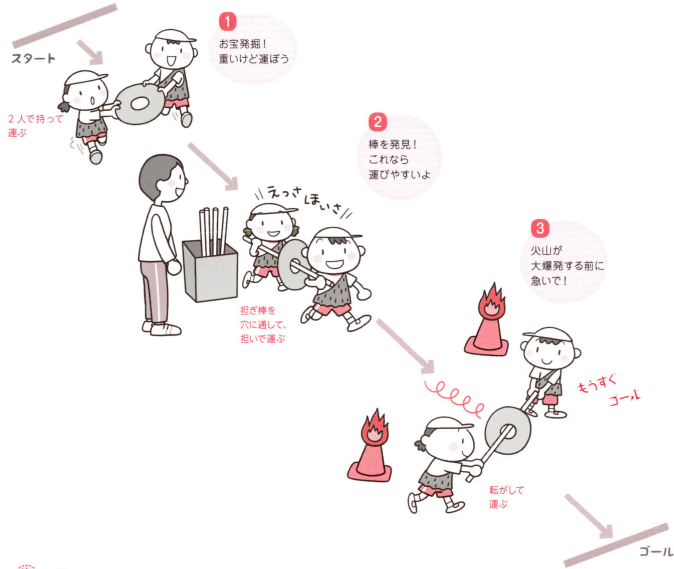

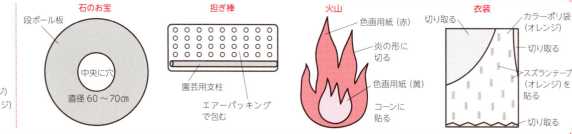

作り方

- **材料**
  - 段ボール板
  - 園芸用支柱
  - エアーパッキング
  - 色画用紙（赤・黄）
  - カラーポリ袋（オレンジ）
  - スズランテープ（オレンジ）

石のお宝：段ボール板、中央に穴、直径60〜70cm

担ぎ棒：園芸用支柱、エアーパッキングで包む

火山：色画用紙（赤）、炎の形に切る、色画用紙（黄）、コーンに貼る

衣装：切り取る、カラーポリ袋（オレンジ）、切り取る、スズランテープ（オレンジ）を貼る、切り取る

ジャングル探検隊

4歳 5歳 | ジャングル運動会

探検隊になって、いざジャングルへ！ 洞くつを抜けたらピラニアの川！ うまくバランスを取りながら渡りきっても、かば、ありの大群、人食い花……とピンチが続きます。全部クリアできるかな？ ジャングルらしいドキドキが詰まった楽しい競技です。

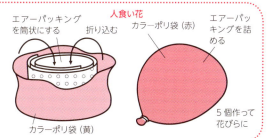

ジープで進め！

3歳 4

怪しい植物のジャングルを抜け、遺跡で光る石を拾ってゴールへ。冒険家の子どもたちはかっこいいジープに乗って、カーブもすいすい曲がって進みます！ バランスをとってうまくお宝を持って帰れるかな？

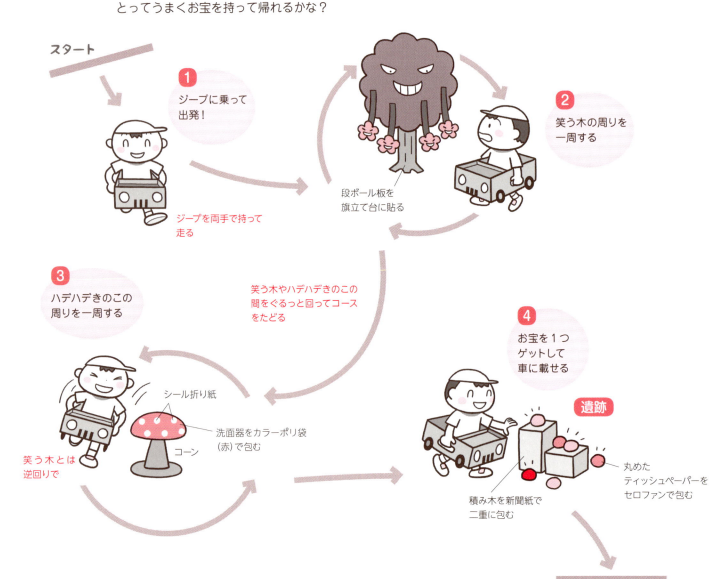

- **材料**
- 段ボール箱
- 色画用紙（黄・赤・黒・緑）
- 紙テープ（緑）
- シール折り紙

ジャングル運動会

木を植えてジャングルに!

3歳 4

3歳児さんの団体戦は、力を合わせて木を植える競技です。小さな苗を1本ずつ、何度も往復しながら植えていきます。早くジャングルが完成したほうが勝ち。最後に緑の大きな傘を広げられるのは、どちらのチームでしょう?

スタート&ゴール

両チーム一斉にスタート!

がんばれ〜

わ〜い
できたあ

全ての穴に苗を植えられたら保育者が中央の傘を開いて完成

スタート&ゴール

 作り方

● 材料
・段ボール箱（1チームに5個）
・広告紙
・クラフトテープ（茶）
・色画用紙（緑）
・モール
・傘（緑）

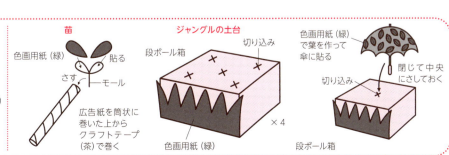

苗
色画用紙（緑）
貼る
さす
モール
広告紙を筒状に巻いた上からクラフトテープ（茶）で巻く

ジャングルの土台
段ボール箱
切り込み
色画用紙（緑）
段ボール箱
×4

色画用紙（緑）で葉を作って傘に貼る
切り込み
閉じて中央にさしておく

＊段ボール箱の穴の数は各園で調整してください

さるちゃんお助け隊

親子 2歳

ジャングルの中でさるの赤ちゃんが迷子になったようですよ。かわいいお助け隊、出動！ さるちゃんを探して助けてあげましょう。アレンジしだいで、1歳、2歳の親子競技でも、就学前の親子用にも使えます。

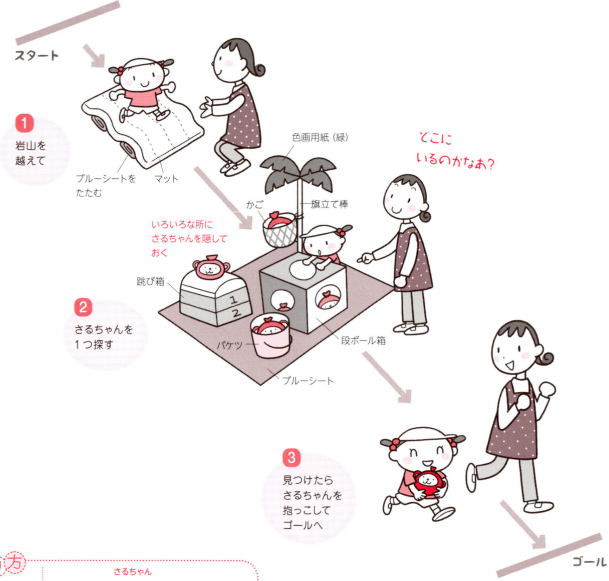

作り方

● 材料
- カラーポリ袋（オレンジ）
- エアーパッキング
- 色画用紙（うすだいだい）
- スズランテープ（オレンジ）

さるちゃん
- カラーポリ袋にエアーパッキングを詰め形を整える
- スズランテープを貼る
- 色画用紙に顔を描いて貼る

＊黄色やピンクでもかわいいさるちゃんができます。

> ジャングル運動会

親子 1歳 くいしんぼうかばさん

食べるの大好きなかばさんが、大きな口を開けて食べ物を待っていますよ。バスケットの果物をかばさんまで運んで、はいっ、どうぞ！ 子どももうれしい気持ちになりますね。かわいい姿に、運動会も大盛り上がりです。

こんなやり方も！
通常の玉入れのようにして、入れた数を競うゲームにすることも。

作り方

● 材料
- カラーポリ袋（水色・ピンクなど）
- シール折り紙
- エアーパッキング

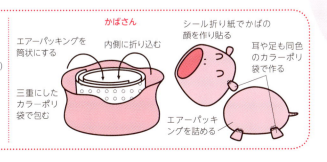

全員

ジャングルパレード

運動会のラストは、華やかなジャングルパレードで！ サンバのリズムに乗ってパレードが始まります。先生の笛を合図に陽気なウキウキダンスで、ノリノリも最高潮！ フィニッシュもバッチリ決めて、思い出に残る運動会に。

1 入場門に全員並びます

パレードの衣装をつけて入場門に並ぶ

＊パレードのコースを華やかにするために、競技で使用した看板や木などを配置してもいいですね

先頭は5歳児の代表

笛で合図の担当

アナウンス担当

2 プロローグ

保育者のアナウンスから

みなさん、これからパレードが始まりますよ

5歳児の代表が入場門から飛び出し、左右を見回す

みんなおいでと手まねきする

3 パレードスタート

広げた手を左右に振りながら歩く

音楽はノリのよいサンバのリズムなどがピッタリ。
5歳児・4歳児・3歳児の順番で入場門から登場

マラカスを持っても楽しい！

4 全員入場門から出て、円形になります

＊衣装は28ページ

ジャングル運動会

5 保育者の笛の合図で足を止め、ダンスタイム！ 音楽に合わせて繰り返したり、動物の振りを入れたりしましょう

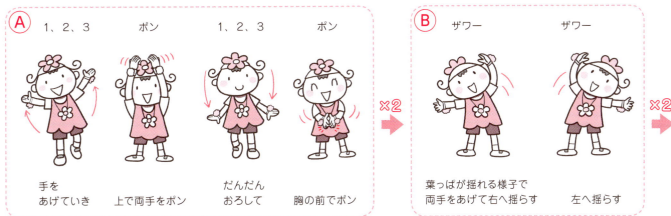

Ⓐ 1、2、3　ポン　　1、2、3　ポン　　×2　→　Ⓑ ザワー　ザワー　×2　→
　手をあげていき　上で両手をポン　だんだんおろして　胸の前でポン　　葉っぱが揺れる様子で両手をあげて右へ揺らす　左へ揺らす

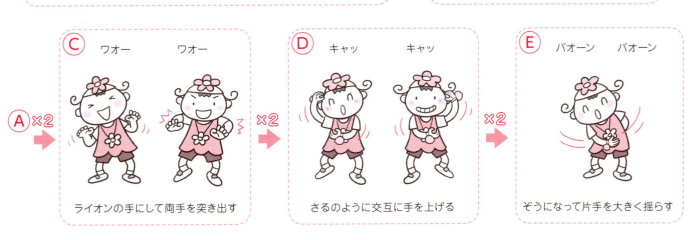

Ⓐ×2　→　Ⓒ ワオー　ワオー　×2　→　Ⓓ キャッ　キャッ　×2　→　Ⓔ パオーン　パオーン
　　　　　ライオンの手にして両手を突き出す　さるのように交互に手を上げる　ぞうになって片手を大きく揺らす

6 ダンスタイムが終わったら、音楽とともに移動して二重の円になります

7 笛の合図で曲を止め、子どもも外を向いてストップします

8 保育者の「ジャングルー！」のかけ声に全員で「大好き！」と答えてフィニッシュ

5歳児が内側、小さい子は外側の円になりストップで外を向く

ジャングルー！
だいすき!!

外側を向き片ひざをついて手を広げるポーズ

衣装の作り方 （ジャングルパレード 26〜27ページ）

入退場門の作り方 （作品写真は6ページ）

● 材料
- 段ボール箱　6個
- 段ボール板
- 園芸用支柱　2本
- ペットボトル (2L) 6本
- ひも
- エアーパッキング
- カラーポリ袋（ピンク・赤・オレンジ）
- スズランテープ
- うちわ　6本
- 色画用紙（各色）
- ラシャ紙（各色）

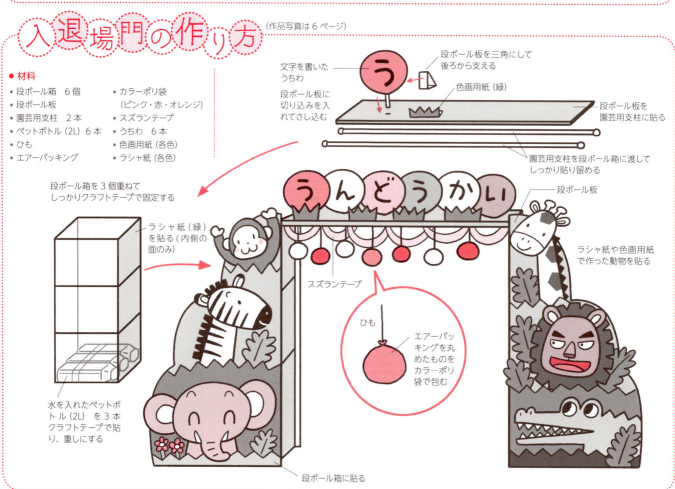

食べ物運動会

はらぺこ魔王に出前を急げ！

5歳

はらぺこ魔王からお肉とサラダの注文です。届けるのは5歳児さん！片手にお皿を持って走ったり登ったりするには、高度なバランス感覚が必要です。年長さんの見せ場いっぱいの競技です。

> 食べ物運動会

サンドイッチでGO!

5歳 4

大きなサンドイッチを2人で運ぶ楽しい競技です。背中に背負ったパンで具を挟み、落とさないようにゴールを目指します。かけ声をかけながら、友達と息を合わせて、無事に運べるでしょうか？

1 パンに見立てたスポンジを背負う

スタート

2 2人一組になって好きな具を2つ選んで、保育者が挟む

○くんが選んだのはトマトで〜す！

3 手をつないで横走りでゴール

いち･に いち･に

ゴール

作り方

●材料
- 四角の白いスポンジ
- ひも
- カラーポリ袋（各色）
- エアーパッキング
- テープ（緑・白）
- シール折り紙
- 色画用紙（緑・茶）

パン スポンジにひもを通して背負えるようにする

具 折りたたんだエアーパッキング → カラーポリ袋で包む

きゅうり 白／緑のテープ

トマト 赤／角を丸くする

ポテトサラダ 白／シール折り紙／オレンジ

サーモン 白いテープ

ハム ピンク

卵 黄

レタス 色画用紙（緑）を揉む

コロッケ 色画用紙（茶）を揉む

落とさないでね！ すいか＆かぼちゃ

4・5歳

畑に実ったすいかとかぼちゃ。チームに分かれて、時間内にどちらがたくさん採れるかの競技です。たくさん抱えると、落としちゃう！　うまく重ねてたくさん持ったり、少しだけ抱えて素早く走ったり、個性が出そうですね。

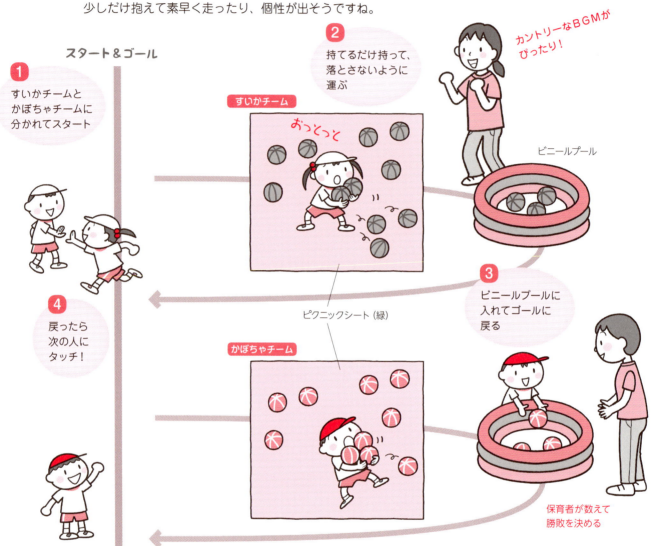

1. すいかチームとかぼちゃチームに分かれてスタート
2. 持てるだけ持って、落とさないように運ぶ
3. ビニールプールに入れてゴールに戻る
4. 戻ったら次の人にタッチ！

カントリーなBGMがぴったり！

保育者が数えて勝敗を決める

こんなやり方も！
1人が持つ個数を決めて、速さを競うゲームにしても！

作り方
● 材料
- スチロール容器（1個当たり2つ）
- カラーポリ袋（緑・オレンジ）
- ビニールテープ（黒・黄）

スチロール容器を合わせてテープで留め、カラーポリ袋を巻く

すいか　ビニールテープ（黒）で縦縞を作る　カラーポリ袋（緑）

かぼちゃ　ビニールテープ（黄）で縦縞を作る　カラーポリ袋（オレンジ）

＊すいかやかぼちゃを子どもが作っても楽しいですよ！

4歳 3歳

お豆コトコト

食べ物運動会

保育者の背負った大きな鍋。お豆を煮ている鍋に見立てて、飛び出しちゃった豆を鍋に戻す「変わり玉入れ」競技です。保育者の、とろ火から強火までぐつぐつ動く表現力も見せどころですね！

お鍋が煮えていく様子をアナウンスで伝え、お鍋の保育者が場所を移動しながら動作で表現します。とろ火・中火・強火はランダムに変えましょう。

1 紅白の帽子をかぶった保育者がかごを背負って動き回ります

- お豆を大きなお鍋で煮ています。白いお豆と赤いお豆の美味しいあんこができますよ。
- あ、大変。お豆が鍋からこぼれています！
- さあ、みんなで拾って入れましょう！
- 自分のチームのかごに入れる

紅白玉

2 保育者はこんな動きをしましょう

アナウンスに合わせてお鍋をゆする
※子どもに当たったり、鍋の中の豆がこぼれたりしないように注意

とろ火
- コトコトコトコト まだ、とろ火です。コトコトコトコト………
- 動き回りながら少し前かがみで小さく歩く

中火
- もうかなり煮えてきましたね。中火でフツフツフツフツ……
- 足を前にあげて動き回る

強火
- 強火でグツグツグツグツ！グツグツグツグツ！
- 足を横にあげて跳ね回りながら動く

作り方

- **材料**
  - 段ボール箱
  - カラーポリ袋（黄）
  - エアーパッキング
  - スズランテープ
  - ひも

お鍋

貼り付ける / 半円形にしたエアーパッキング

内側で貼り留める / カラーポリ袋（黄）で包む

スズランテープを通す / ひもをつける

3 音楽が止まったら、終了

紅白の玉の数を数えて、多い方が勝ち

ジャンボお弁当を作ろう

3歳 / 4

小さなコックさんたちがジャンボな具材を1人1つ運んで、大きなお弁当を作ります。力を合わせてステキなお弁当を作りましょう。どんな具材を選ぶのか、どんな詰め方をするのか、できあがりが楽しみです！

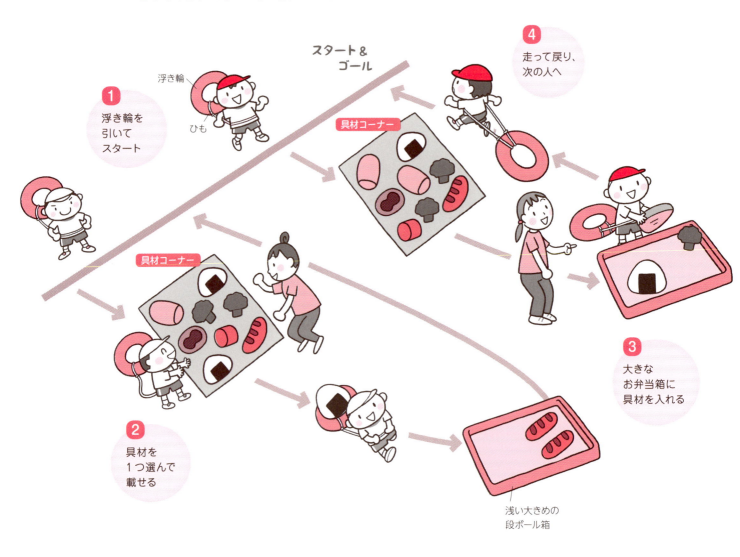

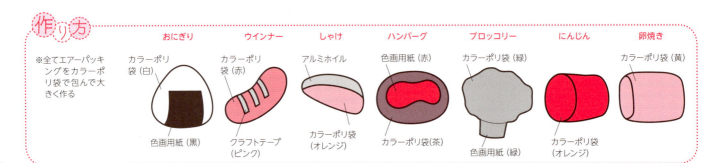

食べ物運動会

親子 2歳 実れ！ りんごの木

りんごを実らせるのは、かわいい妖精たち！　りんごの木にまっかなりんごをつけて、たくさん実った木にしましょう。ちびっこたちのかわいい姿が見られますよ！

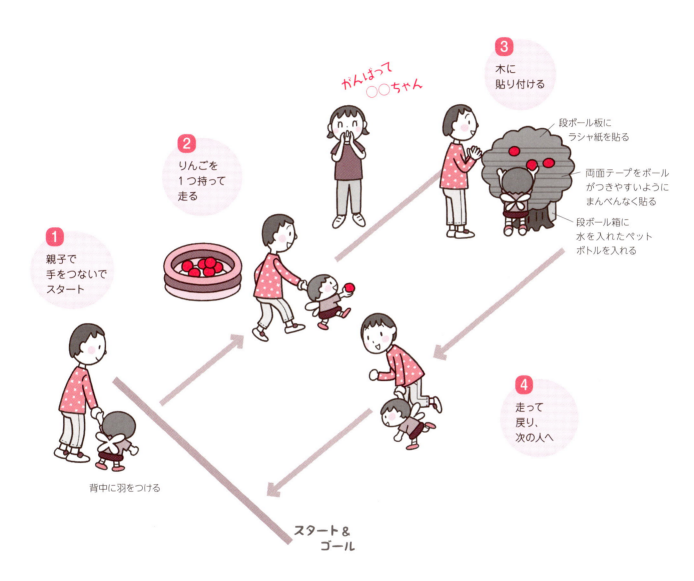

① 親子で手をつないでスタート
背中に羽をつける

② りんごを1つ持って走る

がんばって〇〇ちゃん

③ 木に貼り付ける
- 段ボール板にラシャ紙を貼る
- 両面テープをボールがつきやすいようにまんべんなく貼る
- 段ボール箱に水を入れたペットボトルを入れる

④ 走って戻り、次の人へ

スタート＆ゴール

作り方

● 材料
- 広告紙
- カラーポリ袋（赤）
- キラキラした紙など

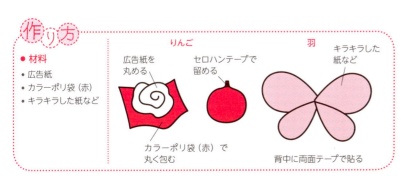

りんご
- 広告紙を丸める
- セロハンテープで留める
- カラーポリ袋（赤）で丸く包む

羽
- キラキラした紙など
- 背中に両面テープで貼る

親子 1歳 ビリビリぶどう狩り

入園前のお子さんにも、楽しんでもらえる競技です。スタートからゴールまで親子でいっしょにトライするもよし、1人でどんどん行ける子は積極的にどうぞ！　どちらも子どもがぶどうをとったうれしさを感じられるよう応援しましょう。

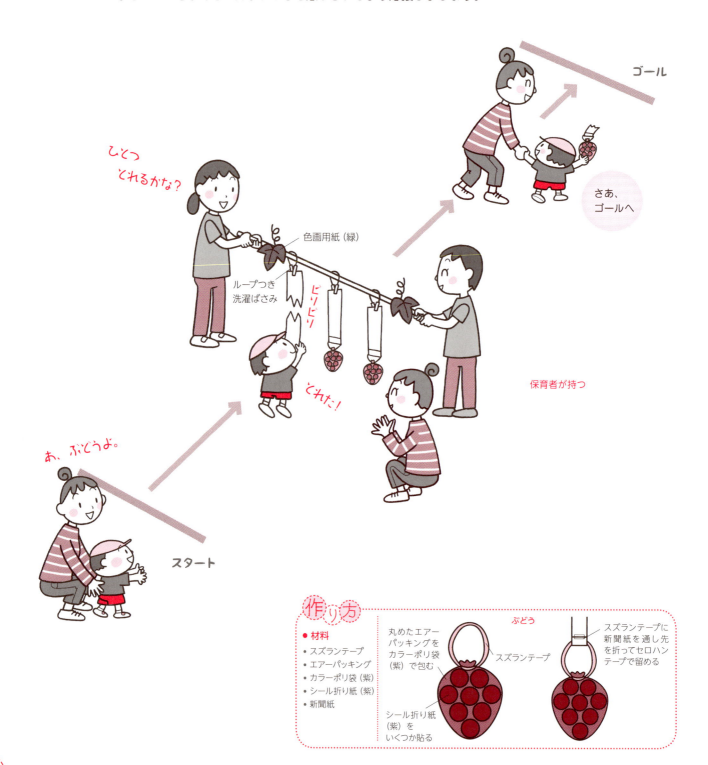

大きなケーキを作ろう

全員 / 食べ物運動会

みんな大好きなケーキを、ビッグサイズで作る競技です。しゃがんだり、背伸びしたりしながら、バランスよく飾りつけ、大きい子も小さい子も、力を合わせて作ったケーキにみんなの喜びが湧き上がります。完成したらおみこしに載せてゴールイン！

1. 大きい子と小さい子で手をつなぎスタート
2. デコレーションを選ぶ（デコレーショングッズ／たらい）
3. テープをとり（旗立て棒にセロハンテープの輪をたくさんつけておく）
4. ケーキの好きなところにデコレーション
5. デコレーションが完成したら5歳児がおみこしに載せてトラックを一周してゴールへ

作り方

材料
- 新聞紙
- 段ボール板
- ひも
- 片段ボール
- スズランテープ（白）
- カラーポリ袋（白・赤・緑・茶）
- エアーパッキング
- 園芸用支柱　4本
- 紙皿
- 色画用紙
- 折り紙（赤・緑）

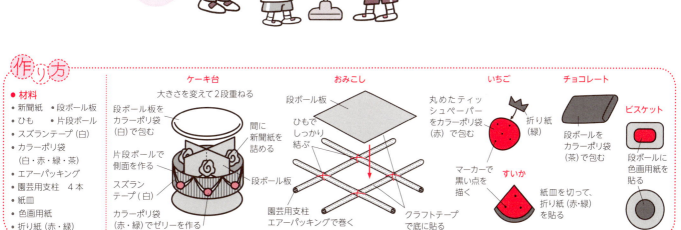

ケーキ台　大きさを変えて2段重ねる
- 段ボール板をカラーポリ袋（白）で包む
- 間に新聞紙を詰める
- 片段ボールで側面を作る
- スズランテープ（白）
- カラーポリ袋（赤・緑）でゼリーを作る

おみこし
- 段ボール板
- ひもでしっかり結ぶ
- 園芸用支柱　エアーパッキングで巻く
- クラフトテープで底に貼る

いちご
- 丸めたティッシュペーパーをカラーポリ袋（赤）で包む
- 折り紙（緑）
- マーカーで黒い点を描く

すいか
- 紙皿を切って、折り紙（赤・緑）を貼る

チョコレート
- 段ボールをカラーポリ袋（茶）で包む

ビスケット
- 段ボールに色画用紙を貼る

異年齢 ひっぱれ ジャンボいも！

異年齢で楽しむ競技です。おいもほりの行事を体験した子もこれからの子も、収穫の楽しさを競技で味わいましょう。赤ねずみさんと白ねずみさんになったら、気分も盛り上がりますね。

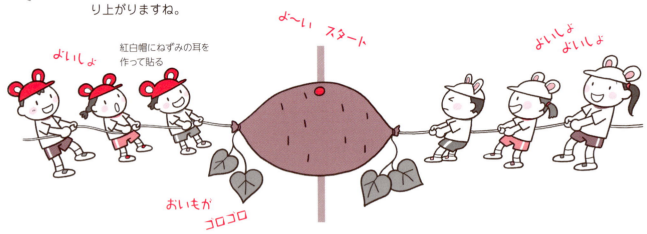

作り方

- **材料**
  - 綱引き用の綱
  - カラーポリ袋（紫か茶）
  - 新聞紙・ひも
  - エアーパッキング
  - スズランテープ（緑）
  - 色画用紙（緑）
  - シール折り紙

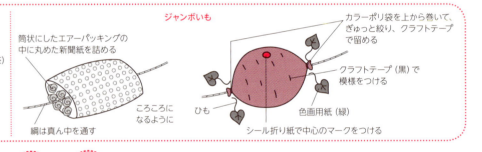

入退場門の作り方
（作品写真は9ページ）

- **材料**
  - エアーパッキング（筒状）2巻
  - 園芸用支柱（太）4本
  - カラーポリ袋（白・赤・水色）
  - ラシャ紙（白・うすだいだい）
  - 段ボール箱 2箱
  - ペットボトル（2L）8本
  - 色画用紙（各色）
  - 工作用紙
  - 段ボール板

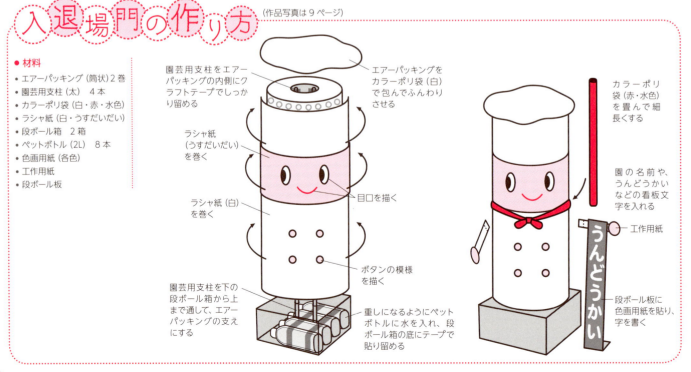

忍者運動会

修行でござる！

5歳 4

忍者の衣装に身を包んで、忍術に次々とチャレンジします。まずはさるとびの術でジャンプ！ 忍び足の術で平均台に挑んだら、うずらがくれの術ではマットで前転、キャタピラーみたいに進む土とんの術、最後は竹馬で馬駆けの術でフィニッシュします。

*衣装は52ページ

忍者運動会

忍者屋敷に忍び込むでござる

5歳 4

忍者刀を手にしてスタート位置につけば、子どもはすっかり忍者気分。動きも機敏になり、目つきもキリッ。5歳ならではの想像力と運動能力が発揮できるゲームですね。どんでん返しの壁や密談座敷をくぐり抜け、かっこよくゴールを目指します。

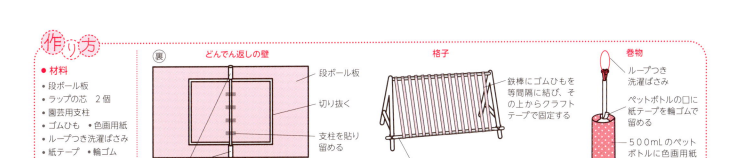

*衣装は52ページ

どくろ忍者のお城を倒すでござる

5歳

敵のどくろ忍者が大事な巻物を奪ってお城に隠してしまいました！ さあ、ちびっこ忍者の出番です。水ぐもの術でお堀を渡り、玉を敵のお城に当てて倒しましょう。どちらが先に巻物を取り返せるかな？

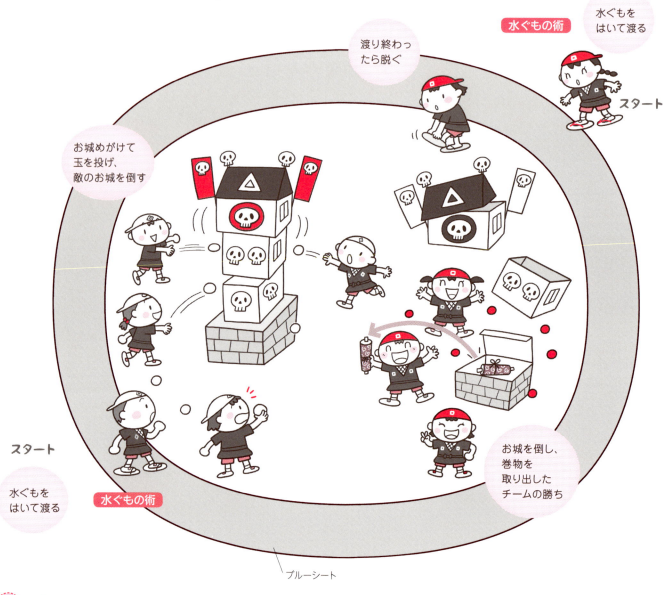

*衣装は52ページ

忍者運動会

手裏剣シュッシュツでござる

忍者と言えば、手裏剣。かっこよく投げる姿に憧れますね。板べいなどに隠れながら素早くお城に近づき、えいやっと手裏剣を投げます。「投げる」は、子どもには難しい運動のひとつです。さあ、お城にうまく投げ込めるでしょうか？

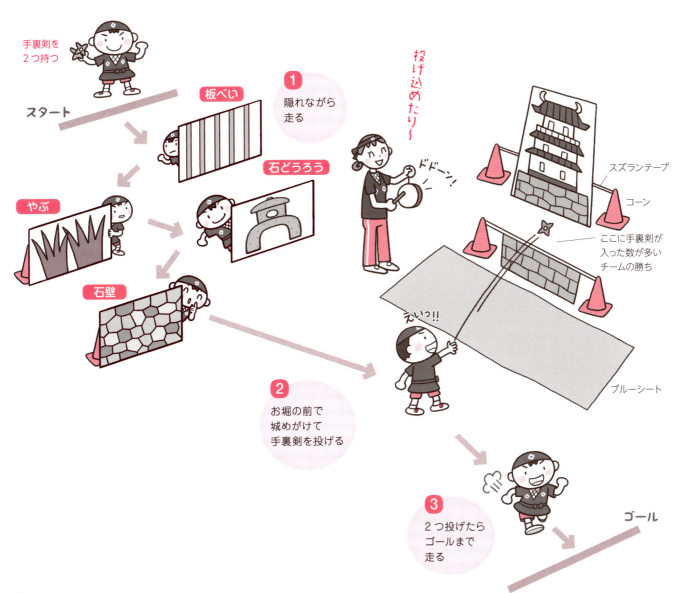

■ 材料
・段ボール板
・シール折り紙

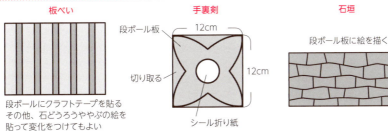

＊衣装は52ページ

密書をいただくでござる

4歳 5

密書とは、忍者が活躍した時代の「秘密のお手紙」のこと。ここでは、2チームに分かれて、敵の密書を奪って自分たちのお殿様に届けます。密書がたくさん集まった方が勝ちです。

こんなやり方も！
★ 5歳・4歳・3歳で1回戦ずつのチーム戦を行っても！

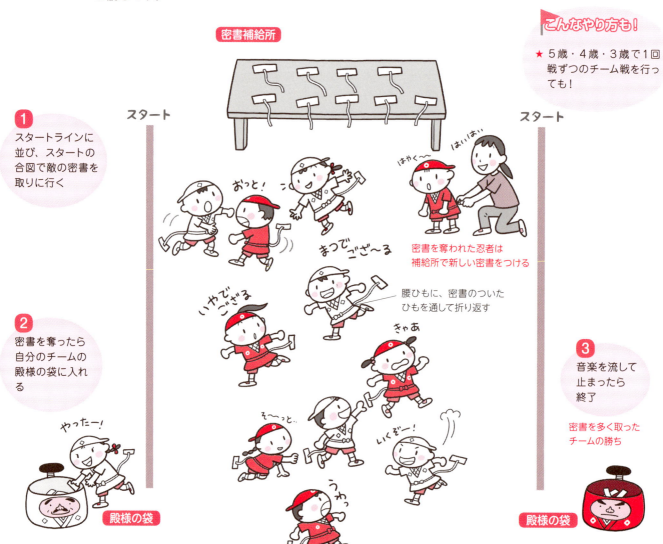

1. スタートラインに並び、スタートの合図で敵の密書を取りに行く
2. 密書を奪ったら自分のチームの殿様の袋に入れる
3. 音楽を流して止まったら終了 — 密書を多く取ったチームの勝ち

密書を奪われた忍者は補給所で新しい密書をつける

腰ひもに、密書のついたひもを通して折り返す

作り方

- **材料**
  - コピー用紙
  - スズランテープ
  - エアーパッキング
  - カラーポリ袋（赤・白）
  - 色画用紙
  - シール折り紙

密書: コピー用紙を図のように折る／スズランテープ／セロハンテープで貼る／手を切らないように紙の端をセロハンテープで留めておく

殿様の袋: エアーパッキングを筒状にする／折り込む／二重にしたカラーポリ袋で包む／シール折り紙／白・赤2体作る／底に丸く切ったエアーパッキングを入れる／色画用紙で顔を作って貼る

＊衣装は52ページ

忍者運動会

長密書を運ぶでござる

長い棒に見えるのは「長密書」といって大事な秘密のお手紙です。長密書を携えて、2人で息を合わせ、カーブを回ったり川を跳び越えたりして、ゴールを目指します。さあ、仲よくがんばって！

* 衣装は52ページ

輪っか手裏剣でござる

3〜4歳

ちっちゃな忍者たちは、輪っか手裏剣で修行中です。お兄さんやお姉さん忍者のようにかっこいい忍者目指して、がんばります。気分はすっかり一人前忍者ですから、応援の声にきっとはりきってくれますね！

1. 輪っか手裏剣を悪忍者にかけて、ひもの部分を引っ張る
2. 悪忍者が倒れたら次へ
3. 3つの忍者を倒したらゴールへ走る

作り方

●材料
- 段ボール箱　3個
- ペットボトル（2L）2個
- モール（黒）
- 色画用紙（各色）
- エアーパッキング
- カラーポリ袋
- シール折り紙

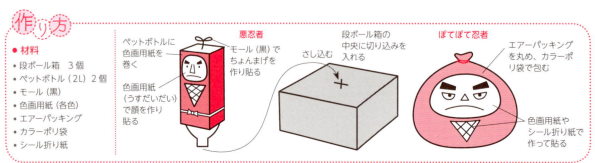

*衣装は52ページ

忍者に変身でござる

忍者運動会

お着替えやお片づけなど生活面でぐんと成長した3歳児。その様子を運動会でもお見せしましょう。ちびっこ忍者に変身しながら、どんどん自信も身についていく3歳児さんに、どうぞ大きな拍手を！

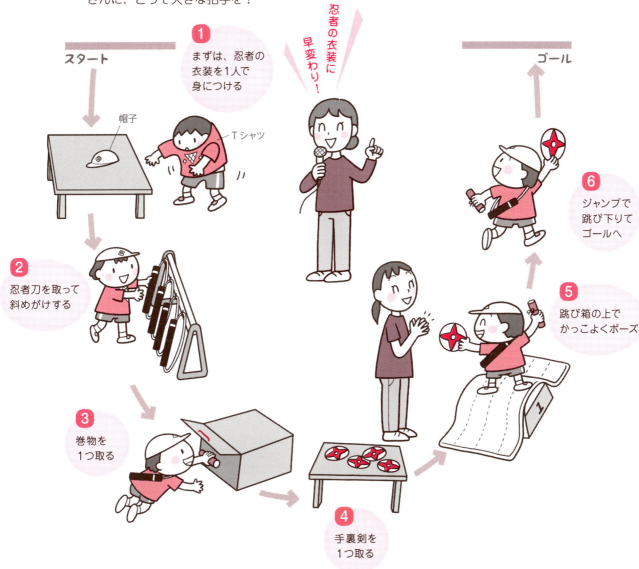

1. まずは、忍者の衣装を1人で身につける
2. 忍者刀を取って斜めがけする
3. 巻物を1つ取る
4. 手裏剣を1つ取る
5. 跳び箱の上でかっこよくポーズ
6. ジャンプで跳び下りてゴールへ

作り方

● 材料
- 色画用紙（各色）
- クラフトテープ
- ひも
- 紙皿
- エアーパッキング

＊衣装は52ページ

親子忍者でがんばるでござる

親子 2歳

さあ、ちびっこ忍者と保護者忍者の競技が始まりますよ。鳴子がならないように小さくなってくぐり、石垣も手をつないでぴょーんと跳び越えちゃいましょう。ラストはおんぶでスパート！ あ、その前に手裏剣も1つ忘れずに取ってくださいね。

忍者運動会

親子 1歳 お友達忍者といっしょでござる

仲よしのぷっくりポテポテ忍者さんが、いっしょに遊びたくて待っていますよ。輪をくぐって、ポテポテ忍者の所まで迎えに行けるかな？ 持ち手を引っ張って、ゴールまで連れてきてあげましょう！

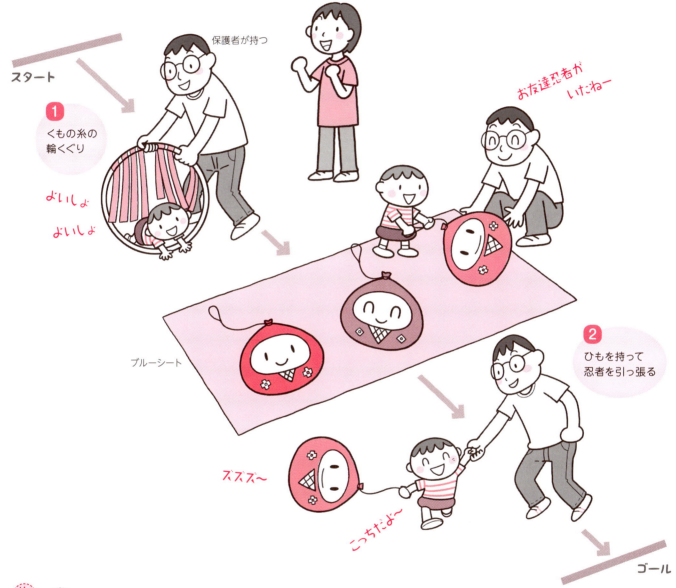

全員

忍者体操でござる

運動会の締めにふさわしい、オリジナル体操です。忍者呪文はちょっと難しいように見えますが、かっこいいポーズとともにすぐに覚えてしまいますよ。かけ声を復唱する声が響き渡れば、会場に一体感が生まれます。

忍者をテーマにした♪『勇気100％』などの曲をBGMにして

1 3歳・4歳・5歳の忍者たちが入場門ゲートでスタンバイ

2 5歳児が忍び足で中央へ出てくる

これから全員で忍者体操を始めるでござる！まずは、年長さんによる呪文をご披露するでござる〜

3 保育者の「臨」の掛け声に応じて、5歳児が「臨！」保育者が「兵」、5歳児が「兵！」と続く

心を落ち着け	臨（りん）臨	兵（びょう）兵	闘（とう）闘

者（しゃ）者	皆（かい）皆	陣（じん）陣	列（れつ）列

忍者運動会

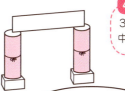
いざ、忍者体操が始まるでござるよ、小さい忍者も出てまいれ

④ 3歳・4歳も中央に登場

全員が並ぶ

それぞれのポーズは、オリジナルの動きをいろいろ工夫すると楽しいですね！

⑤ 保育者のかけ声に全員で復唱

忍法・石垣のぼり！

岩をつかんでよじ登るように

忍法・石垣のぼり！

がにまたで足踏み

忍法・うずらがくれ！

忍法・うずらがくれ！

パッとしゃがんで膝を抱く

忍法・さるとび！

忍法・さるとび！

右手をあげてジャンプ

×2

忍者決めポーズ！

シャキーン！

⑥ 手を振りながら退場
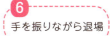

好きなかっこいいポーズ

＊衣装は 52 ページ

衣装の作り方

赤忍者

黒忍者

入退場門の作り方

(作品写真は 10 ページ)

● 材料
- エアーパッキング（筒状） 2巻
- 園芸用支柱（太） 4本
- ラシャ紙（オレンジ・ピンク・青緑）
- ひも　・折り紙
- 段ボール箱2個　・段ボール板
- ペットボトル（2L）20 個
- カラーポリ袋（黄色・赤・ピンク）
- 色画用紙

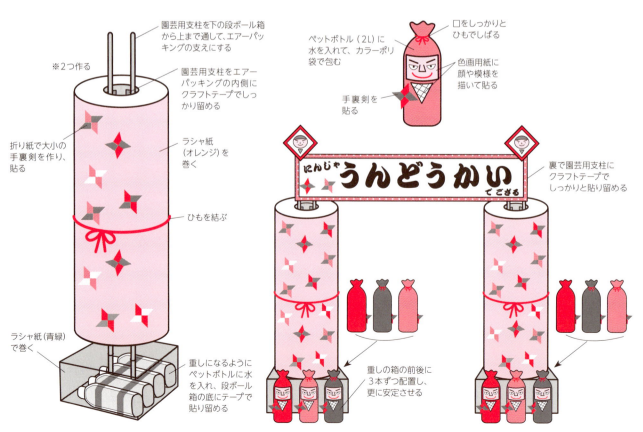

海の運動会

全員

海のパレード 入場行進

運動会が始まりますよ！ 海の世界を表現する華やかなパレードで入場行進です。異年齢でチームを作り、力を合わせることも運動会の魅力。年上の子が小さな子をリードする成長した姿も見どころですね。

1. **入場門にチーム（くじら・ひらめ・くらげ）ごとに並びます。**

♪『アンダー・ザ・シー』のような軽快な音楽にのせてパレードスタート

🎤 最初は海のパレードから。みなさん、入場門にご注目ください。

先頭は5歳児が旗手として先導する

くじら

シュパーッ

かけ声に合わせ、胸の前で合わせた手をパッと上に伸ばして開く

🎤 くじらチームの入場です！大きな大きなくじらが潮をふきますよ。せーの、シュパーッ！ゆったりと泳いでいきます。

ひらめ

ひらひら　ゆらゆら

両側に手を広げひらひら揺らし、足も曲げながら進む

🎤 続いてひらめチーム。ひらひらゆらゆら、気持ちよさそう。ひらめは平たい魚です。その感じがよく出ていますよね。

くらげ

ふわり　ふわり

あやつり人形風に手をあげたり下ろしたり。足を片足ずつ上げてゆらゆら。

🎤 さあ、次は、くらげチーム。ふわりふわり、ダンスをしているみたい。ふわりふわりと海を泳いでいきます。

作り方

- **材料**
- 園芸用支柱
- 色画用紙
- 折り紙（金）

旗

二つ折りした折り紙に切り込みを入れ、輪にして貼る

くじら 　ひらめ 　くらげ

色画用紙に絵を描いて貼る

こんなやり方も！

他にもかにやいるかなど、楽しい動きで表現できるチームを作ってみましょう。

＊衣装は64ページ

海の運動会

海賊の冒険

5歳

海賊船からポンと跳び出して、冒険がスタートです。さめの海を泳いで渡り、危ない橋もじょうずに越え、大だこの足元をくぐり抜けます。ゴツゴツ岩をジャンプで越えたら、お宝を手にしてラストスパート！

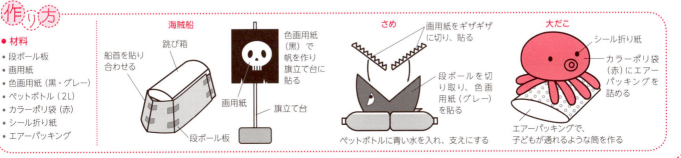

大玉号の冒険

5歳 4

4人のチームで大玉号をころころ転がす競技です。それぞれのチームが途中にあるカードを引いて、そのカードの島をぐるっと一周してゴールを目指します。さあ、海賊島、人魚島、ゆうれい島、どの島を回ってくることになるでしょうか！

作り方

材料
- 段ボール板
- ラシャ紙
- 色画用紙
- スズランテープ（青・緑）

島の旗
段ボール板にラシャ紙を貼り、色画用紙などで作った人魚・海賊・ゆうれいを貼る

裏にスズランテープ（青・緑）を貼る

海の運動会

海の魔物を倒そう！

5歳 4

運動会にはお馴染みの紅白玉を投げて、海の魔物を倒す競技です。うまく真ん中に投げても、中央に空いている穴に入ってしまうと、魔物は倒れません。投げる力とコントロールする力が試されます。

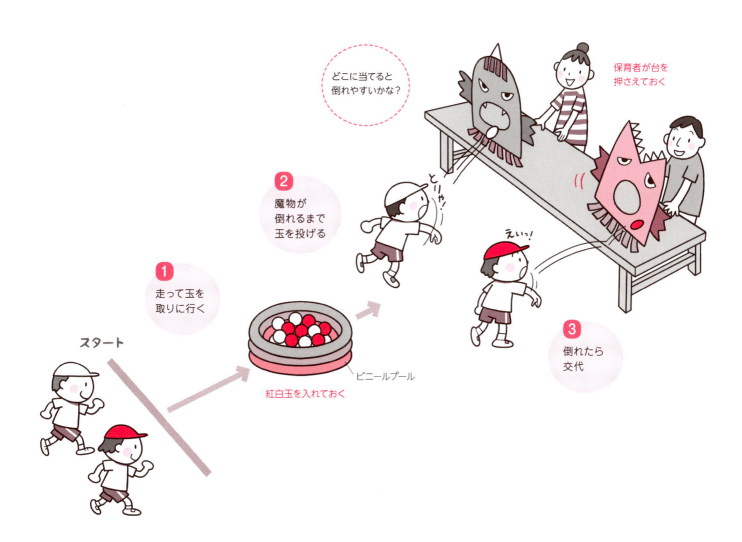

こんなやり方も！

個人戦、3人組、チーム戦など人数や時間配分によって、バリエーションを作ることができます

作り方

● 材料
- 段ボール板
- シール折り紙
- 色画用紙
- スズランテープ
- ペットボトル（2L）1体につき2本

海の魔物
段ボール板にシール折り紙で目や模様を貼る
スズランテープや色画用紙で装飾する
立たせるためペットボトルに水を少し入れ、支えにする

海の生き物レース

4歳 / 5歳

海にはステキな生き物がいっぱい！ まぐろやいるかになりきって、動きを表現しながら進む競技です。練習をするときには図鑑を見て生き物について学びながらトライすると、楽しさがアップしますよ！

スタート＆ゴール

1 まぐろの回遊
岩場の周りを1周走る

新聞紙を丸めて岩場を作る

2 逃げるいわし
漁師の網にかからないようにくぐり抜ける

園芸用のネットに色画用紙やアルミホイルで作った魚を絡ませる

マット

3 かにの橋渡り
手をチョキの形にしながら、横歩き

チョキチョキ
うわっあぶない

4 いるかの輪くぐり
3つの輪の中をくぐる

ジグザグに配置する

作り方

●材料
- フープ（大） 3個
- スズランテープ（青・白・緑など）

いるかの輪

スズランテープ

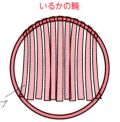

海の運動会

大物魚とり

4歳 3

2人1組になり、大きな魚を波打つ海から捕まえる競技です。いかや魚たちが元気に泳いでいますよ。好きな魚に狙いを定め、頭と体を使ってすくいあげましょう。

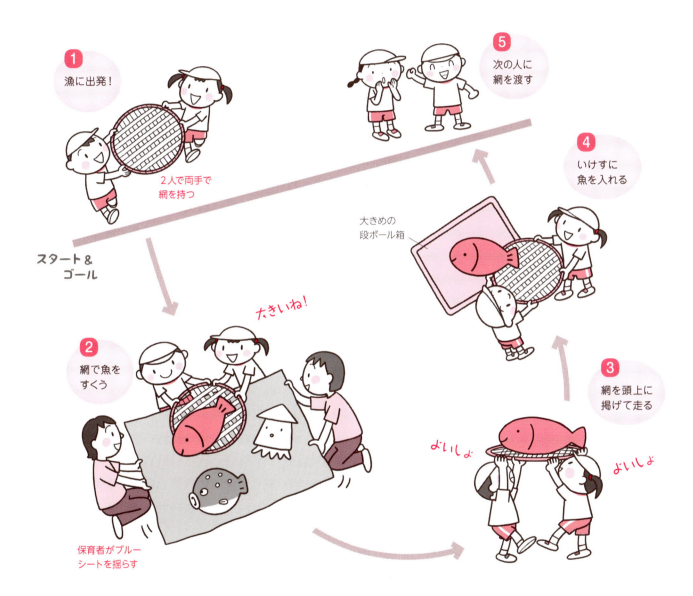

真珠とり

海の宝石「真珠」を海の底へとりに行く競技です。二人三脚や、ボールを投げたり受け取ったり、バランスよく運んだりと、友達と協力して取り組みます。ゴールまで2人でうまく運べるかな？

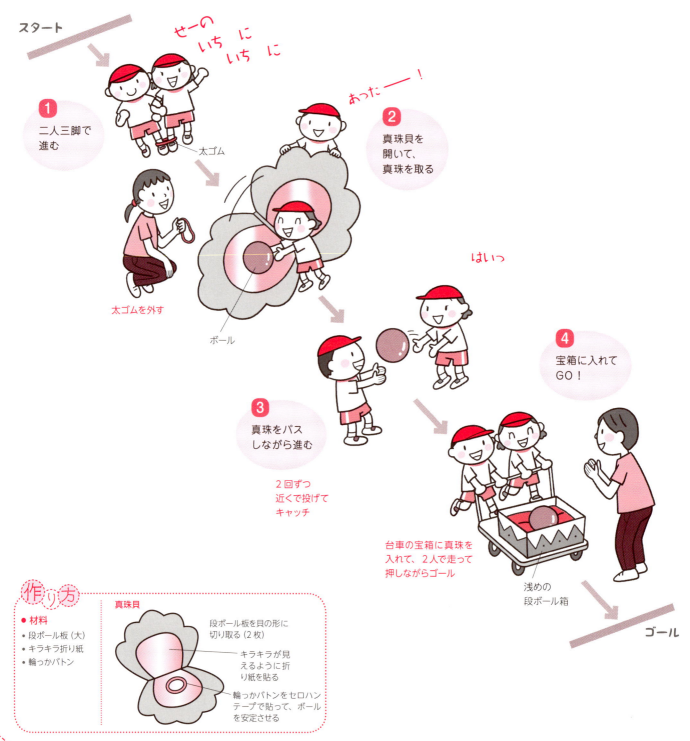

海中を進め！

3歳 4歳

海の運動会

海の生物の動きに表現遊びを取り入れて、競技にしました。海の中には、ゆらゆら・ふわふわ・すいすい……と、おもしろい動きがたくさんあります。体で表現する楽しさも感じられますね。

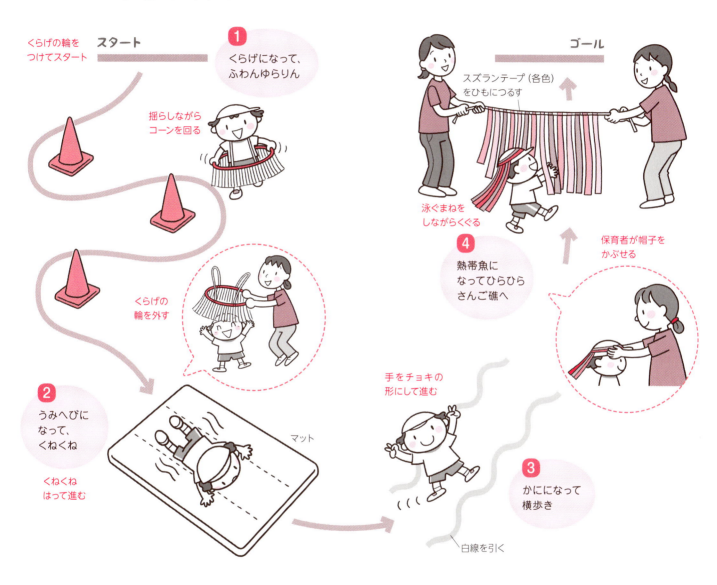

さめとくじらのおなかをくぐろう！

大きなくじらと大きなさめが登場！ もう、それだけでワクワクが始まりますね。そのおなかの中をくぐってみましょう！ 特に複雑な動きはありませんが、子どもも大人もテンションが上がること間違いなしです。

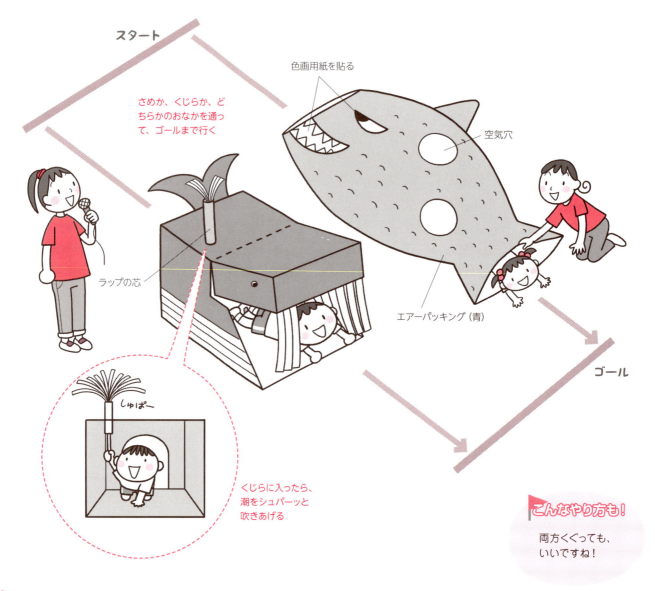

> こんなやり方も！
> 両方くぐっても、いいですね！

材料
- 段ボール箱（大）
- ラシャ紙（グレー）
- 色画用紙
- 画用紙
- スズランテープ（白・水色）
- 園芸用支柱
- クッションシート（白）

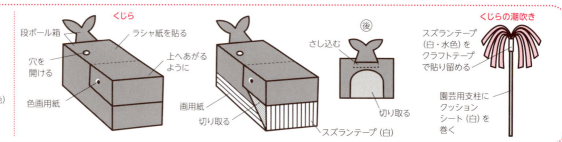

海の運動会

親子 2歳　お魚だ～いすき

親子で手をつないでスタートして、好きな魚を引っ張りながらゴールします。好きなものを選んだり、ゴールを意識したり、2歳児さんらしい姿が見られます。「がんばって」の声が自然に聞こえてくるでしょう。

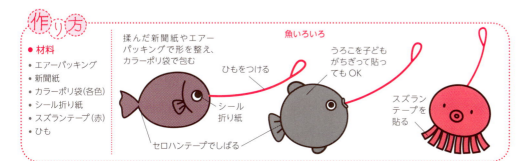

海のファンタジー体操

親子 2歳

音やリズムに乗って、かわいい体操をしてみましょう。海を連想するようなファンシーな衣装に身を包み、波やボート、かにやたこなどをダンスで表現します。キュートな姿に笑みがこぼれます。

かわいいコスチュームで登場

♪『崖の上のポニョ』の音楽などに合わせて、動きをつけてみよう

海をイメージして

両手を自由に揺らす

海にボートで漕ぎ出すイメージで

ボートを漕ぐ動き

魚の動作で
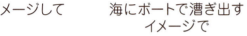
手を前にそろえて

海がめの動作で

平泳ぎのように

たこの動作で

手足をくにゃくにゃ〜

わかめの動作で

ゆれながらしゃがむ

かにの動作で

ツツと横歩き

くじらの動作で

大きくジャンプ

作り方

● 材料
- カラーポリ袋（各色）
- キラキラシール折り紙
- スズランテープ
- クラフトテープ

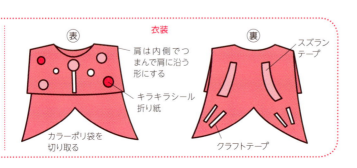

衣装：（表）肩は内側でつまんで肩に沿う形にする／キラキラシール折り紙／カラーポリ袋を切り取る　（裏）スズランテープ／クラフトテープ

海の運動会

親子 1歳 海へぷくぷくお魚タッチ！

親子でいっしょにトライして、かわいいお魚をとってきます。海へぷくぷく潜っていけば、お魚が集まっていますよ。タッチした魚をもらって、ゴールへ親子で走りましょう。運動会の楽しい思い出に。

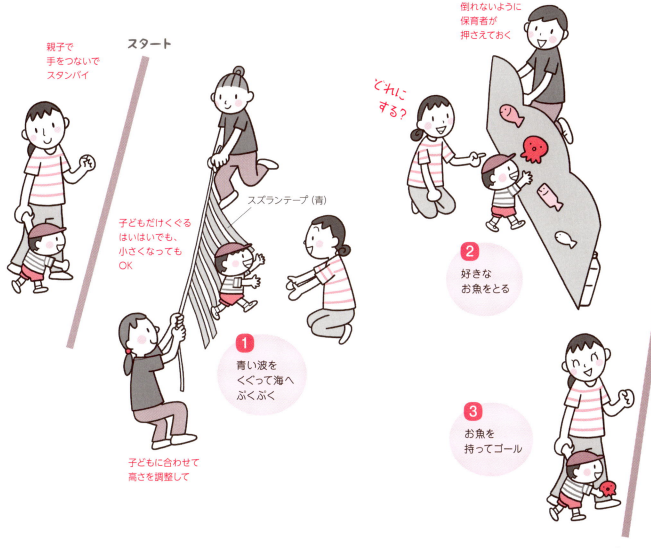

作り方

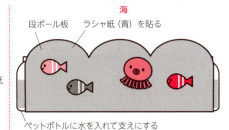

● 材料
- 段ボール板
- ラシャ紙（青）
- ペットボトル（2L）2個
- エアーパッキング
- カラーポリ袋（各色）
- マスキングテープ
- 紙皿 ・シール折り紙
- 新聞紙
- 透明ポリ袋
- スズランテープ（赤）

異年齢

海賊の綱引き合戦

赤ボーダーの赤海賊と青ボーダーの青海賊が、お宝をめぐって真剣勝負！ 綱引きに演出を加えて、更に楽しんでしまいましょう。保護者の競技としても人気の綱引きですから、続けてやってみても。

作り方

● 材料
- エアーパッキング
- カラーポリ袋
- キラキラ折り紙
- ホログラム折り紙
- ひも

エアーパッキングを丸めてカラーポリ袋で包む
キラキラ折り紙やホログラム折り紙を表面に貼る

結んで固まりにする
ひもに結び留める

綱の中心に結びつける

入退場門の作り方

(作品写真は12ページ)

● 材料
- エアーパッキング（筒状）2巻
- 園芸用支柱（太）4本
- ラシャ紙（青）
- 色画用紙（各色）
- 画用紙
- 段ボール板
- カラーポリ袋（赤・青）
- シール折り紙
- スズランテープ（白）

「うんどうかい」の文字を色画用紙で作って貼る

うんどうかい

段ボール板を虹のようにカラフルに塗る

新聞紙を丸めカラーポリ袋（赤）を2重にして包む

シール折り紙

新聞紙を畳んでカラーポリ袋（赤）で巻く
8本用意して顔の下に貼り留める
口も同様に

画用紙

新聞紙を丸めながら形を作り、カラーポリ袋（青）を2重にして包む

スズランテープ（白）を貼る

園芸用支柱を地面に突き刺して固定させる

ラシャ紙（青）を巻く

色画用紙を2種類くらいの魚の形に切り抜き、子どもたちが模様をつける

魚をたくさん貼り、泡を描き込む

※地面に突き刺せない場合は38ページのように台に載せる

おとぎ話 運動会

飛んで！ピーター・パン

4・5歳

永遠の少年ピーター・パンになって、ネバーランドへ！ 街を飛び、雲の間をくぐり抜け、海を跳び越え、大空を飛ぶポーズでバランスをとる技にもチャレンジします。お話の世界を再現しながら、楽しめる競技です。

Story
ある夜、窓からやってきたのは、ピーター・パン。大人になりたくない、永遠の子どもです。ピーターパンになりきって、冒険の島ネバーランドへと、空をピュルルーン！

さあ、ピーター・パンになりきって

スタート

① まずは街をひと越え

② 雲をくぐり抜け

フープに装飾用の綿を貼る

③ 広い海を越え

たたんだブルーシート

④ 優雅に空を飛び

全身を伸ばして飛ぶポーズのあと、跳び箱の上に立って跳びおりる

ジャンプして鈴を鳴らす

ゴール 　園芸用支柱

⑤ ネバーランドに到着！

作り方

● 材料
- ペットボトル 数本（いろいろな大きさ）
- 色画用紙（各色）
- キラキラ折り紙
- カラーポリ袋（黄緑・オレンジ）
- 不織布（緑）

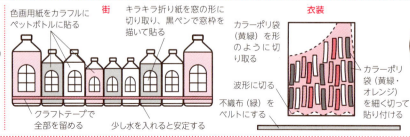

街
色画用紙をカラフルにペットボトルに貼る
キラキラ折り紙を窓の形に切り取り、黒ペンで窓枠を描いて貼る
クラフトテープで全部を留める
少し水を入れると安定する

衣装
カラーポリ袋（黄緑）を形のように切り取る
波形に切る
不織布（緑）をベルトにする
カラーポリ袋（黄緑・オレンジ）を細く切って貼り付ける

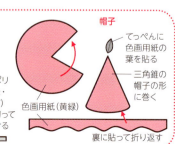

帽子
てっぺんに色画用紙の葉を貼る
三角錐の帽子の形に巻く
色画用紙（黄緑）
裏に貼って折り返す

おとぎ話運動会

ドラゴンが壊したお城を作れ！

5歳 4

お城がドラゴンに壊されました！ 騎士たちが組み立てる速さを競います。外側の面すべてに窓がそろえば完成！ 脚力と、知力と、仲間と相談する力の3つがそろったチームが勝利を手にする、5歳児ならではのゲームです。

Story
王子様と結婚したお姫様が住む素敵なお城。でもある日、暴れ者のドラゴンにお城を壊されてしまいました。
騎士たちが、力を合わせてお城作りに挑みます。

こんなやり方も！
数を減らして2段にすると簡単になり、小さい子でもOK

スタート＆ゴール

4人1チーム

① ドラゴンが城をバラバラに壊す
保育者が扮装するドラゴンが登場
茶色の長袖Tシャツ
ガオガオッ

② スタートから走り出してお城を再建

③ 保育者ができあがりを確認
笛を吹いて完了を伝える
やったー

作り方

● **材料**
- 運動帽
- カラーポリ袋（緑）
- エアーパッキング
- 同じ大きさの段ボール箱（2チーム分 30個）
- 色画用紙（各色）
- 割り箸

ドラゴンの衣装

運動帽をカラーポリ袋（緑）で包む
色画用紙
色画用紙で目、耳を作り貼る

色画用紙
エアーパッキングを詰める
カラーポリ袋（緑）

城のキューブ（1チーム分）

色画用紙で窓を作り貼る
段ボール箱に色画用紙を貼る
旗を付ける
割り箸

1面に窓	2面に窓	4面に窓	4面に窓
1段目…1個	1段目…4個	1段目…4個 2段目…4個	3段目…1個	4段目…1個

逃げろ！ パンケーキ

5歳 4

お話に出てくるように、パンケーキになりきって、つかまらないように逃げていきます。逃げる緊迫感が、競技を盛り上げますよ。跳んだり登ったり転がったり、多彩な動きが詰まっています。

Story
お母さんの焼いた、おいしそうなパンケーキ。フライパンからポーンと飛び出し、ころころ逃げていきます。「食べられてたまるもんか」にわとりもねこもうしも、つかまえられません。

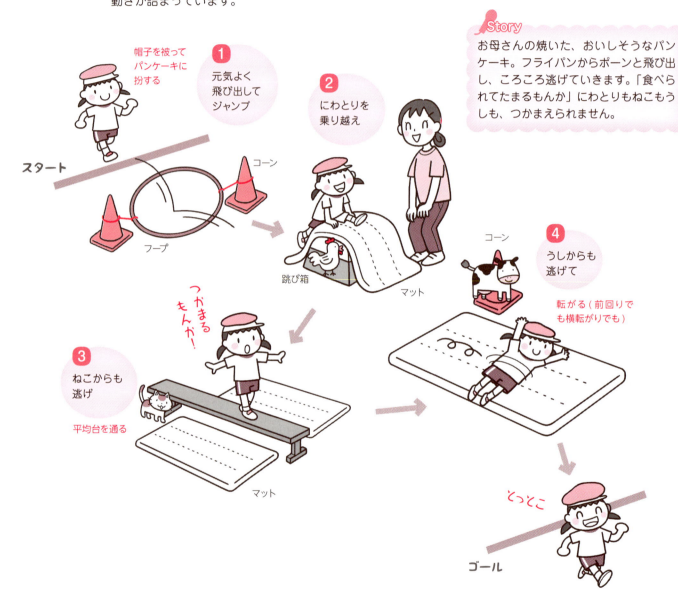

作り方

● 材料
- エアーパッキング
- カラーポリ袋（黄）
- 色画用紙（各色）

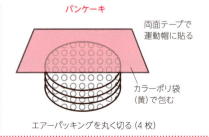

パンケーキ
両面テープで運動帽に貼る
カラーポリ袋（黄）で包む
エアーパッキングを丸く切る（4枚）

にわとり
動物を色画用紙で作る
跳び箱に貼る

ねこ
平均台に貼る

うし
コーンに貼ってマットのそばに置く

おとぎ話運動会

ジャックと豆の木

4歳

みんなが知っているハラハラどきどきの冒険ストーリー。ジャックになりきって、体験してみましょう。すばやく金のめんどりを奪って走るところが、お話でも競技でも一番の山場です。無事に帰ってこられるかな？

Story
貧乏な少年ジャックは、魔法の豆から伸びたつるを登って、雲の上へ。そこでは人食いの大男が、めんどりに金の卵を産ませていました。ジャックはこっそりめんどりを抱えて逃げます。

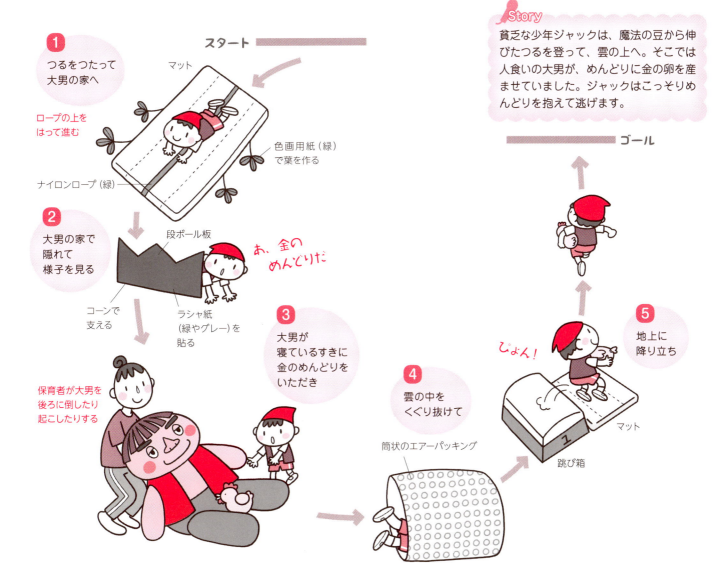

1. つるをつたって大男の家へ — ロープの上をはって進む
2. 大男の家で隠れて様子を見る
3. 大男が寝ているすきに金のめんどりをいただき
4. 雲の中をくぐり抜けて
5. 地上に降り立ち

作り方

- **材料**
  - エアーパッキング
  - カラーポリ袋（黄・オレンジ・赤・青）
  - 色画用紙（各色）
  - シール折り紙（各色）
  - スズランテープ

3びきのがらがらやぎ

4歳 3

北欧ノルウェーの民話をベースにした、チームで取り組む競技です。主人公のやぎになりきった3人で1チーム。橋を渡るドキドキと、トロルとのやりとりのドキドキが競技を盛り上げますよ。異年齢でチームを組んでもよいですね。

Story
3びきのがらがらやぎが、おいしい草のある山へ行こうと、谷川にかかった橋へやってきました。ところが橋の下には恐ろしいトロルがいて、渡っていくやぎたちを食べようとしたのです。

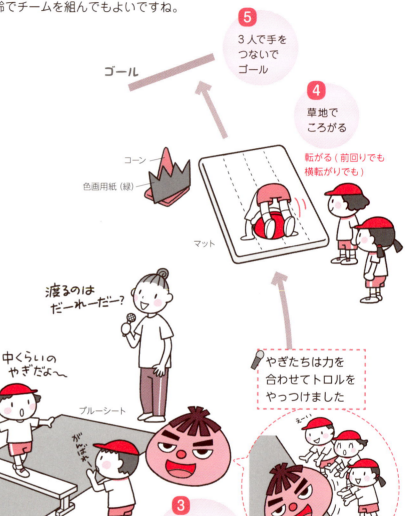

1. 手をつないで橋のたもとまで走る
2. 橋を渡って橋の上でトロルの声に答える
3. 3人とも渡り終わったらトロルを川に投げ込む
4. 草地でころがる　転がる(前回りでも横転がりでも)
5. 3人で手をつないでゴール

平均台の上を1人ずつ渡る　1人が渡り終わって降りたら、次の人がスタート

やぎたちは力を合わせてトロルをやっつけました

🎤 **トロル** 渡るのはだーれーだ？
- 小　小さいやぎだよ
- 中　中くらいのやぎだよ
- 大　大きいやぎだー！

トロル くってやるぞ〜！
- 小　もっと大きいやぎがくるよ
- 中　もっと大きいやぎがくるよ
- 大　くわれるもんかー！

※トロルのセリフは保育者が言う

作り方

● 材料
- エアーパッキング
- カラーポリ袋(茶)
- シール折り紙
- スズランテープ(緑)

トロル
- エアーパッキングをカラーポリ袋(茶)で包む
- シール折り紙
- スズランテープ(緑)を頭部分に貼る
  ※何回も投げるのでしっかり貼り付ける

おとぎ話運動会

ランプでシュート！

有名な『アラジンと魔法のランプ』をイメージ。アラジンが魔王に大事なランプを守ってもらおうと、魔王の洞くつめがけてカーリングのようにランプをシュートする設定です。的に狙いを定めて、諦めずにがんばれるかが見どころですね。

Story
アラジンが手に入れたのは、こするとランプの精が現れてなんでも願い事をかなえてくれる、魔法のランプ。でも悪い魔法使いが奪おうと狙っています。ランプを守らなくては！

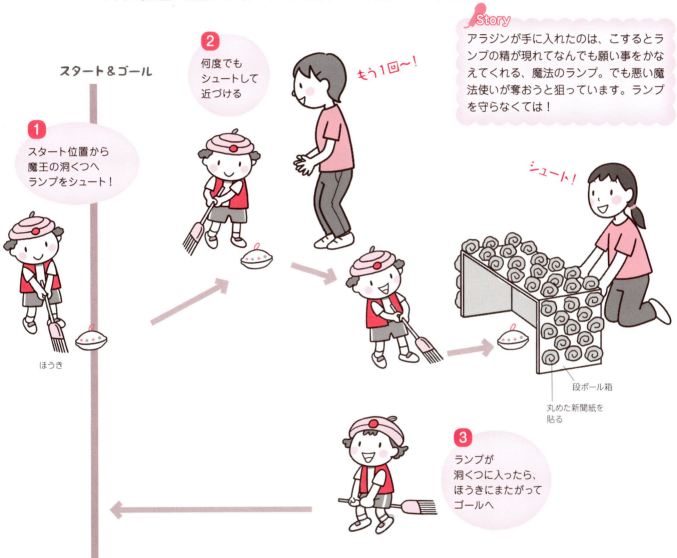

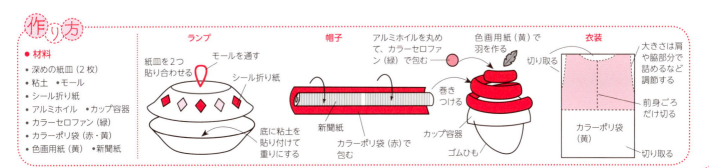

眠り姫を起こしてね！

親子 2歳

眠り姫を助けに行こうといばらの茂みを抜けると、ドラゴンが立ちはだかります。えいっとドラゴンを倒して、ミニミニお姫様を助け出すゲームです。物語の世界に想像を膨らませながら楽しんでできるといいですね。

Story
お城に、かわいいお姫様が生まれました。ところがお祝いパーティーに呼ばれなかった悪い魔法使いの呪いで、15歳になった日に、100年の眠りについてしまったのです。

作り方

●材料
- 段ボール箱 ●ラシャ紙（茶）
- カラーポリ袋（茶・ピンク・白）
- シール折り紙 ●色画用紙（茶）
- エアーパッキング
- 台所用スポンジ
- 折り紙（銀）

おとぎ話運動会

ドキドキ ヘンゼルとグレーテル

親子 1歳

キャンディ、チョコレートにビスケット！ 子どもも大人も、誰もが一度は憧れる「お菓子の家」。未就園のお子さんや1歳児が親子でトライします。お菓子の家まで走って、カラフルお菓子を1つゲットしちゃいましょう。

Story

お兄さんのヘンゼルと妹のグレーテルは、森の中でお菓子の家を見つけました。夢中で食べていると、魔女が姿を現したのです。「わたしの家をかじっているのは、いったい誰だい？」

1 親子でそろってスタート

スタート＆ゴール

お菓子の家よ！

2 好きなお菓子を1つゲット！

キャンディね

3 お菓子を持って戻ってくる

こんなやり方も！

お菓子の家の裏に保育者がスタンバイ。うちわに魔女を描いてときどき出します。怖いので、魔女がいないときに素早くお菓子を取ることに！

作り方

- **材料**
- 段ボール箱
- 段ボール板
- 色画用紙（各色）
- カラーポリ袋（各色）

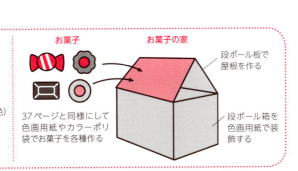

お菓子 / お菓子の家

37ページと同様にして色画用紙やカラーポリ袋でお菓子を各種作る

段ボール板で屋根を作る

段ボール箱を色画用紙で装飾する

75

腹ぺこガリバー

全員

大きなガリバーはおなかがぺこぺこです。早くご飯を口に入れてあげないと！　さあ、ガリバーの口をめがけてパンとお肉を投げ入れましょう。小さい的をめがけて投げる難易度の高い玉入れを、チームで乗り切ります。

Story
ガリバーは、乗っていた船が嵐で難破し、漂ううちにどこかの浜辺に着きました。そこは小さな小さな人たちが住む国。腹ぺこのガリバーは、小さな食べ物を口に入れてもらいます。

1. 音楽を流して元気よくスタート
2. 紅組は肉を白組はパンをガリバーの口めがけて投げ入れる
3. 音楽が止まり競技終了
   子どもは座って、保育者は紅白玉を投げ上げながら数える

作り方

● 材料
- 段ボール板
- 段ボール箱（大）2個
- 色画用紙（赤・茶・黒）
- ポリ袋（透明）
- ラシャ紙（赤・グレー）
- シール
- ペットボトル（2L）4本

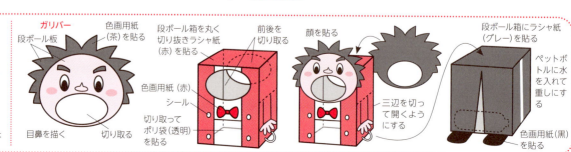

保護者 あなたが主役

大人のための楽しい演目を用意しました。引いたカードに従って、白雪姫、桃太郎、長靴をはいた猫、浦島太郎に変身です。コスプレ気分で楽しい運動会の一幕を担いましょう！

Story
毒りんごを食べさせられた白雪姫、知恵でハンスを幸せにした、長靴をはいた猫。かめに乗って竜宮城へ行った浦島太郎。桃から生まれて鬼ケ島に行った桃太郎。みんな主役です！

1. 走ってカードを取る
2. カードに従って、衣装コーナーから衣装を選んで着る
3. なりきった主人公にふさわしい旗を回ってゴールへ

作り方

● 材料
- 毛糸（黄・黒）
- カラーポリ袋（白・ピンク・赤）
- 色画用紙（各色）
- シール折り紙（各色）
- 布（赤）
- 白帽子
- カチューシャ
- スズランテープ（茶）

カード 4種類 ※みんなに見えるように大きく作る

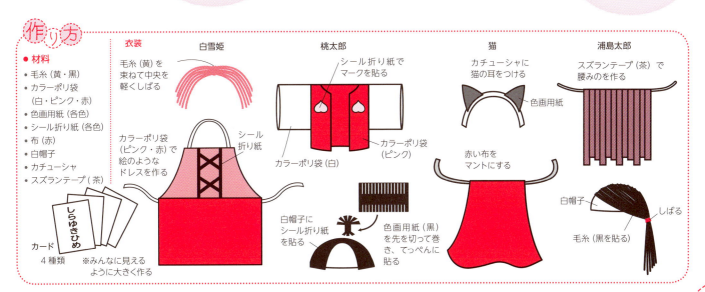

妖精たちのパレード

全員

おとぎ話に登場するかわいい妖精が、フィナーレを飾ります。妖精のお城をステキな山車(だし)にして引いたら、ダンスが始まりますよ！ 幸せをみんなに振りまいて、楽しい運動会の大団円を迎えましょう。

妖精のお城の山車の作り方 （作品写真は1ページ）

● 材料
- 台車
- 段ボール箱
- ロープ
- カラーポリ袋（青）
- ラシャ紙（ピンク）
- シール折り紙
- 色画用紙（各色）
- 工作用紙
- ペットボトル（2L）4個
- 大きなざる（プラスチック製）
- お花紙
- ネット（赤・青）
- 片段ボール
- 竹串

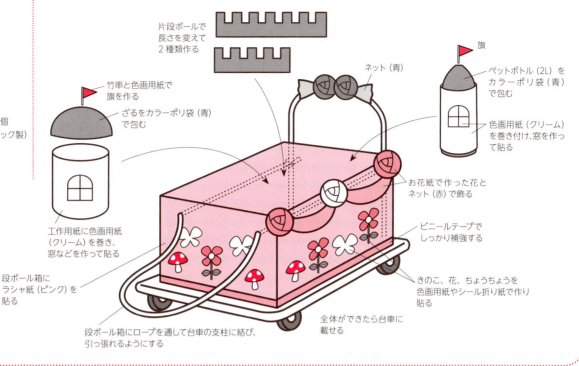

入退場門の作り方 （作品写真は15ページ）

● 材料
- 段ボール箱　大きめ4個＋その他
- コーン2個
- ひも
- ラシャ紙（ピンク）
- 色画用紙
- シール折り紙
- お花紙（白・赤）
- ペットボトル（2L）8個

著者紹介

案 山本和子

東洋英和女学院短期大学保育科卒業。童話作家。書籍、月刊誌、紙芝居、合唱曲の作詞等で活躍するとともに、製作物アイデアも手がける。著書に『おばけのなつやすみ』(PHP研究所)、『おばけ大集合』『忍者大集合』『ごっこ遊び大集合』『ヒーロー＆ヒロイン大集合』『縁日ゲーム大集合』『食育あそび大集合』(以上、チャイルド本社)、翻訳絵本に『ちきゅうのためにできる10のこと』(チャイルド本社)、『ミャオ！おおきなはこをどうするの？』(ひさかたチャイルド) など多数。

製作・イラスト あさいかなえ

武蔵野美術大学視覚伝達デザイン学科卒業。株式会社サンエックスのキャラクターデザイナーを経てフリー。粘土で作る立体イラストと平面イラストの両分野で活躍中。著書に『おばけ大集合』『忍者大集合』『ごっこ遊び大集合』『ヒーロー＆ヒロイン大集合』『縁日ゲーム大集合』『食育あそび大集合』(以上、チャイルド本社) がある。
http://www.jade.dti.ne.jp/~asai/

- 案／山本和子
- 製作・イラスト／あさいかなえ
- ブックデザイン／小林峰子
- 撮影／安田仁志
- モデル／伊藤優花、沙星、田野井健、藤田一槻、堀井馳世、武良咲沙（クレヨン）
- 本文校正／有限会社くすのき舎
- 編集協力／大久保徳久子
- 編集／石山哲郎、西岡育子

わくわくテーマde運動会 おもしろ種目集
2016年5月 初版第1刷発行

著者／山本和子、あさいかなえ
　　　ⓒ Kazuko Yamamoto, Kanae Asai 2016　Printed in Japan
発行人／浅香俊二
発行所／株式会社チャイルド本社
〒112-8512 東京都文京区小石川5-24-21
電話／03-3813-2141（営業） 03-3813-9445（編集）
振替／00100-4-38410
印刷・製本／共同印刷株式会社
ISBN978-4-8054-0249-8
NDC376　26×21cm　80P

乱丁・落丁本はお取り替えいたします。
本書の内容の一部あるいは全部を無断で複写複製することは、法律で認められた場合を除き、著作権者及び出版社の権利の侵害となりますので、その場合は予め小社宛て許諾を求めてください。

チャイルド本社ホームページアドレス　http://www.childbook.co.jp/
チャイルドブックや保育図書の情報が盛りだくさん。どうぞご利用ください。